Humedales

Hábitats húmedos

por Laura Purdie Salas   ilustrado por Jeff Yesh

Traducción: Patricia Abello

Agradecemos a nuestros asesores por su pericia, investigación y asesoramiento:

Michael T. Lares, Ph.D., Profesor asociado de Biología
University of Mary, Bismarck, North Dakota

Susan Kesselring, M.A., Alfabetizadora
Rosemount–Apple Valley–Eagan (Minnesota) School District

PICTURE WINDOW BOOKS
Minneapolis, Minnesota

Redacción: Jill Kalz

Diseño: Joe Anderson y Hilary Wacholz

Composición: Angela Kilmer

Dirección artística: Nathan Gassman

Subdirección ejecutiva: Christianne Jones

Las ilustraciones de este libro se crearon con medios digitales.

Traducción y composición: Spanish Educational Publishing, Ltd.

Coordinación de la edición en español: Jennifer Gillis/Haw River Editorial

Picture Window Books

5115 Excelsior Boulevard

Suite 232

Minneapolis, MN 55416

877-845-8392

www.picturewindowbooks.com

Impreso en los Estados Unidos de América.

 Todos los libros de Picture Windows
se elaboran con papel que contiene por
lo menos 10% de residuo post-consumidor.

Library of Congress Cataloging-in-Publication Data

Salas, Laura Purdie.

[Wetlands. Spanish]

Humedales : hábitats húmedos / por Laura Purdie Salas ; ilustrado por

Jeff Yesh ; traducción, Patricia Abello.

p. cm. – (Ciencia asombrosa)

Includes index.

ISBN-13: 978-1-4048-3867-3 (library binding)

1. Wetlands–Juvenile literature. I. Yesh, Jeff, 1971- ill. II. Title.

QH87.3.S2518 2007

577.68–dc22   2007036466

Contenido

¿Qué es un humedal?

¿Sabes cómo se llama una tierra cubierta de agua? ¡Un humedal! Los humedales son ecosistemas húmedos. Un ecosistema es el conjunto de los seres vivos y las cosas sin vida que hay en un lugar. Las plantas, los animales, el agua, el suelo y hasta el estado del tiempo hacen parte del ecosistema.

Todos los humedales tienen tres cosas en común: tienen agua por lo menos durante una parte del año, su suelo está mojado y están llenos de plantas acuáticas.

DATO CURIOSO

Los humedales son diferentes a muchos otros ecosistemas. El estado del tiempo varía en cada tipo de humedal. En unos humedales hace calor todo el año. En otros cae nieve. Por eso hay humedales por todo el mundo.

5

Tipos de humedales

La marisma, el pantano y la ciénaga son tres tipos comunes de humedales. Cada uno tiene sus propias plantas. En la marisma hay pastos y eneas. En los pantanos hay arbustos y árboles. En las ciénagas hay musgos y árboles de hoja perenne. El suelo de las ciénagas esta formado por capas gruesas de turba. La turba es un material esponjoso compuesto de plantas muertas.

Marisma

Pantano

Ciénaga

DATO CURIOSO

El agua de los humedales puede ser dulce, salada o mezclada. Los humedales del interior son de agua dulce. Los que están a lo largo de la costa son de agua salada. Los que tienen una mezcla de agua dulce y salada se llaman humedales salobres.

7

Funciones importantes

Los humedales cumplen funciones importantes. Les dan a los animales un lugar donde vivir y tener crías. Los humedales cercanos a la playa reducen el daño de las tormentas al absorber la fuerza de las olas grandes. También detienen la erosión que se produce cuando las olas golpean la playa. Las raíces de las plantas del humedal no dejan que las olas arrastren el suelo.

Otros humedales previenen las inundaciones. El suelo de un humedal actúa como una gran esponja. Se seca cuando no llueve. Chupa el agua cuando llueve mucho.

DATO CURIOSO

Los peces y otros animales marinos ponen sus huevos en los humedales de las costas. Allí están más seguros que en el mar abierto. El agua del humedal contiene todo el alimento que necesitan las crías.

Agua más limpia

Los humedales también limpian el agua. Al entrar a un humedal, el agua contiene mugre y contaminantes. El agua pasa despacio por el humedal. Los trocitos de mugre se van al fondo. Al salir del humedal, el agua sale más limpia de lo que entró.

DATO CURIOSO

Muchos granjeros usan el agua de humedales cercanos para regar sus cultivos o darles de beber a sus animales. Saben que el agua de los humedales es limpia.

Suelo húmedo

El suelo mojado no tiene todo el oxígeno que las plantas necesitan. El fresno verde, la yerba caimán y otras plantas tienen tallos o raíces huecos. Son como pajillas para chupar oxígeno.

El suelo de unos humedales no contiene el alimento que las plantas necesitan. Por eso tienen que buscar el alimento de otros modos. Algunas plantas atrapan insectos. Otras ni siquiera echan raíces en el suelo. La lenteja de agua chupa el alimento directamente del agua.

DATO CURIOSO

El ciprés de los pantanos tiene nudos que sobresalen del agua cerca de la base del árbol. Esos nudos le sirven para respirar. Como no hay suficiente oxígeno en el suelo fangoso, los nudos absorben el oxígeno del aire.

Dos plantas fuertes

Los humedales son el hogar perfecto para algunas plantas, como la enea y el lirio de agua.

La enea es una planta de tallo resistente que crece a orillas del agua. Tiene una espiga café donde están las semillas. Se parece a la cola de un gato.

El lirio de agua flota con sus hojas grandes y planas. Tiene una raíz muy larga que llega hasta el suelo. Su tallo se dobla o se estira para que la flor siempre flote.

DATO CURIOSO

A lo largo de la historia, la enea ha tenido muchos usos. La raíz se ha usado como alimento, las hojas para hacer esteras o muebles, y la pelusa de las espigas para rellenar cobertores.

Otros animales del humedal

En los humedales no sólo viven aves. Este ecosistema ofrece comida y vivienda a muchos reptiles, como caimanes, tortugas y serpientes. También hay mamíferos, como castores, conejos, nutrias y venados. Además, hay mosquitos y otros insectos. Las aguas estancadas son un buen lugar para que los mosquitos pongan sus huevos.

Tortuga

Manatí

Caimán

Serpiente

Castor

Mosquito

Venado

Los manatíes nadan en las aguas poco profundas de los humedales de la costa. Estos grandes mamíferos son pacíficos, lentos y mansos. Tristemente, muchos manatíes mueren al año heridos por las hélices de los botes.

Los humedales están desapareciendo

Como todos los ecosistemas, los humedales cambian con el tiempo. La cantidad de lluvia y de nieve puede hacer que aparezcan o desaparezcan humedales. A veces los seres humanos destruyen los humedales. En muchas partes del mundo se seca el agua de los humedales para construir casas y granjas en esos terrenos.

Si los humedales desaparecen, morirán muchas plantas y animales. También habrá más inundaciones y erosión. El agua que usamos para beber, cocinar y bañarnos no será tan limpia. Es importante proteger éste y todos los demás ecosistemas de la Tierra. ¡Cada ecosistema hace que este planeta sea un lugar maravilloso para vivir!

DATO CURIOSO

Desde comienzos del siglo 18, más de la mitad de los humedales de los Estados Unidos han desaparecido. Se han rellenado con el fin de construir viviendas.

Haz un diorama de un humedal

QUÉ NECESITAS:

- caja de zapatos
- pincel
- tijeras
- palillos de dientes

- pintura azul
- papel de colores
- plastilina
- ilustraciones de animales del humedal, como caimanes, flamencos y castores

CÓMO SE HACE:

1. Primero, pon la caja de lado.

2. Pinta el interior de la caja (los lados y la parte de arriba) de azul.

3. Forra casi toda la parte de abajo con papel azul para simular el agua. También podrías usar papel de aluminio o plástico de envolver. Forra el resto con papel café o con plastilina para simular el suelo húmedo.

4. Usa palillos de dientes y plastilina para hacer unas eneas que sobresalgan del agua. Haz lirios de agua con papel. Llena el humedal con animales de todos los tamaños. ¡Los palillos son perfectos para hacer patas de aves!

Datos sobre los humedales

- Los Everglades es un humedal inmenso localizado en la parte sur de Florida. Está lleno de navajillas y otras hierbas. Lo llaman "río de hierba".

- ¿Has asado malvaviscos? Si es así, ¡dale las gracias a un humedal! El inventor del malvavisco usó savia de la raíz de la planta de malvavisco. La savia le da a esta golosina su sabor dulce y su textura pegajosa. Hoy en día, los malvaviscos no se hacen con savia, sino con gelatina.

- Los arándanos crecen en las ciénagas. Durante la época de la cosecha, se inundan las ciénagas y una máquina revuelve el agua. Los arándanos se desprenden de las plantas y flotan a la superficie.

- El zapatero es un insecto que vive en los humedales. Parece un palito con seis patas flacas. Este insecto diminuto camina sobre el agua. ¡Se desliza por la superficie sin hundirse!

Glosario

ecosistema (el)—lugar con ciertos animales, plantas, tiempo, terreno y agua

erosión (la)—desgaste del suelo por el agua o el viento

interior (el)—terrenos lejos de la costa

mamíferos (los)—animales de sangre caliente que alimentan a sus crías con su propia leche

migrar—viajar en busca de comida, agua, temperaturas más cálidas o un lugar para dar a luz

oxígeno (el)—gas que todos los humanos, animales y plantas necesitan para vivir

reptiles (los)—animales de sangre fría que tienen columna vertebral y escamas

salobre—que es una mezcla de agua salada y agua dulce

Aprende más

PARA LEER

Kalman, Bobbie. *Cadenas alimentarias de los pantanos*. Nueva York: Crabtree Publishing, 2007.

Kalman, Bobbie. *Un hábitat de pantano*. Nueva York: Crabtree Publishing, 2007.

Maken, Joanne Early. *Pantanos: Hábitats acuáticos*. Milwaukee: Weekly Reader, 2005.

EN LA RED

FactHound ofrece un medio divertido y confiable de buscar portales de la red relacionados con este libro. Nuestros expertos investigan todos los portales que listamos en FactHound.

1. Visite *www.facthound.com*
2. Escriba código: 1404831002
3. Oprima el botón FETCH IT.

FactHound, su buscador de confianza, le dará una lista de los mejores portales!

Índice

BUSCA MÁS LIBROS DE LA SERIE CIENCIA ASOMBROSA—ECOSISTEMAS:

Bosques templados: Tapetes de hojas

Desiertos: Tierras secas

Humedales: Hábitats húmedos

Océanos: Mundos submarinos

Pastizales: Campos verdes y dorados

Selvas tropicales: Mundos verdes